# Una gran victoria

P. J. Sheehan

Traducción al español: José María Obregón

LECTURAS DEL BARRIO

Rosen Classroom Books & Materials™

New York

Los chicos fueron a jugar béisbol.
—Hoy tenemos un partido muy importante —dijo el señor Paz.

—Gaby, hoy vas a jugar —dijo el señor Paz.

—¡Muy bien! —dijo Gaby.

—¡Qué buena atrapada, Gaby!
—dijo Paty.
—¡Gracias! —dijo Gaby.

—¡Qué buen lanzamiento, Gaby!
—dijo Carlos.
—¡Gracias! —dijo Gaby.

—¡Qué buen partido, Gaby!
—dijo el señor Paz.
—¡Gracias! —dijo Gaby.

—¡Qué gran victoria, Gaby! —
dijo el señor Paz.
—¡Estoy muy contenta! —dijo
Gaby.